사람을 감추는 사람

김화연 시집

시인동네 시인선 263   김화연 시집

사람을 감추는 사람

시인동네

시인의 말

지워지는 말들이 있다.

귓가 언저리에 머물던 말들이
그림자 없이 사라지는 순간

차가워진 두 발을 떠나보내지 못해
손바닥으로 감싸던 이별의 언어들

흙탕물에 흠뻑 젖은 내 발에게
"괜찮아"
봄날의 허밍처럼
가슴에 맴돌던 그 한마디가
문득, 그리워진다.

2025년 10월
김화연

차례

시인의 말

제1부

구석은 힘이 세다 · 13
분홍을 감추고 · 14
암흑 · 16
탑 쌓는 마음 · 18
나무의 주름살 · 20
쉼표 · 22
벚꽃 · 23
구름의 밀도 · 24
콩꼬투리 · 26
틈 · 28
그림자가 앓는 밤 · 30
보호자라는 시간 · 32
삼월 · 34

제2부

사람을 감추는 사람 · 37

파도를 수선하는 섬 · 38

머뭇거림의 질량 · 40

시큰거리는 맛 · 42

물의 옹이 · 44

고봉밥 바다 · 46

물방울 탑 · 48

물 냄새 · 50

폐선 · 52

손에 묻은 것들 · 54

여름 우울증 · 56

후유증 · 58

소낙비 · 60

제3부

마음이 가는 쪽 · 63

멀찌감치 · 64

테두리에 관하여 · 66

연기 · 68

계단참 · 70

뒤끝 · 72

생각에는 생강이 필요해 · 74

깨진 창문 · 76

피미엔 나카스 · 77

붉은 숨, 사라지지 않는 이름 · 78

근심의 무게 · 80

군락지들 · 82

겨우살이 · 84

제4부

순창, 겨울 눈 · 87

벽과 벽 · 88

어떤 계산 · 90

오메, 오메 · 92

둥우리 버섯 · 94

교정 · 96

직립보행 · 98

매미 · 100

해가 증언하는 방식 · 102

지척 · 104

우리 집, 혹은 우리 꽃 · 106

나팔꽃 사랑 · 108

새하얀 온기 · 110

구겨진 뒤끝들 · 112

해설 '틈'과 '거리'에서 탄생하는 윤리 · 113
　　　강동우(문학평론가·가톨릭관동대 교수)

제1부

구석은 힘이 세다

집 한 채 지을 때
구석 없이 지을 수 없다

네모난 공간의 기둥 같은 구석들

생뚱맞은 탁자라도 모서리를 붙이면
귀퉁이들도 이렇게 딱 맞게 되는구나
알게 되는 곳

그늘진 구석은
가장 기대어 있기 좋은 곳
가족 중 누구라도
혼자라는 생각이 불쑥 밀려오면
그곳을 빌리지 않은 사람이 없다

얼마 전까지만 해도
그곳에 아들이 기대어 있었다

분홍을 감추고

고양이는 어디에
분홍을 감추고 있을까요

어디서 저런 분홍을 틈만 나면 꺼내어
저리도 정성스럽게 핥고 있을까요

사실, 누구나 숨겨 놓은 분홍이 있죠
씨앗 속에 색색이 숨겨 놓고 있는
후숙의 기간들처럼
두근거림처럼
분홍은 슬픔도 꽉 닫아버릴 수 있는
만능 뚜껑 같은 것들이죠

고양이는 저의 분홍으로
사뿐사뿐 가벼움을 실천하고 있죠
오늘 유난히 사뿐거리는 말투를 들었다면
분홍이 가득 묻어 있을 겁니다

담장이 얕아 누구든 넘어올 수 있는 분홍
어떤 고약한 색깔을 만나도
슬쩍 섞을 수 있는 분홍
무한 평온을 줄 수 있는 부드럽고 온화한 색
모자라는 색에도 조금 넣으면
갸릉갸릉 하는 색깔로 변하는 분홍
그런 분홍들이 자신들 속에 들어 있다는 것을
설마 모르고 있지는 않겠지요?

자, 손등을 내밀어보세요
고양이는 주저 없이
저의 분홍을 내어줄 것입니다

암흑

우주 대부분은
암흑으로 이루어져 있다
그중 빛이 차지하는 비중은
오 퍼센트도 되지 않는다

그러니까,
살다 보면 앞길이 막막하다거나
빛이 보이지 않는다는 말
어쩌면 당연한 말이다

등 하나 앞세우고 걷다 보면
불빛 너머 그 캄캄한 절벽이 있지만
어둠에 길든 눈에 점 하나의 역할이란
나머지 대부분의 암흑을 이기고도 남는
선착점 같은 것이다

작은 빛의 점 하나는
나머지가 다 암흑이라는 사실을

여실히 밝혀주는 것이다

어둠 속에서 찾아낸 깨진 사금파리 빛
오래 응시하다 보면
어둠은 절대적인 빛이라는 것
캄캄하다고 여길 때란,
나 또한 우주 대부분처럼
살고 있다는 위안이 되는 것이다

모두가 다 저마다의 밝은 빛 두 개를
양쪽으로 삼아
눈 부릅뜨고 살고 있다

탑 쌓는 마음

세상의 탑들을 보면 다 순서가 있다
가장 넓은 무거운 것부터
차츰차츰 부피와 무게를 줄인 것을 올려놓은 방식
그런 높이들이란 다 끝으로 갈수록 좁아진다는 것
아슬아슬 위태로워진다는 것이다
그건, 염원이나 소원들은 늘 좁은 곳에
넓은 부피로 올려져 있다는 뜻이다
그러니 높이를 애써 쫓지 말라는 것이다

기원들에는 방해하는 것들이 많지만
대부분 올려지는 것들이나 좁아지는 높이가 아니라
그곳에 무엇을 올려두려는 사람의
손과 마음이 덜덜 떠는 일이라는 것
앞서는 마음이라는 것이다
밑이 위보다 더 무겁고 넓어서
세상의 높이들이란 무너지지 않는다고 보여주는 것 같지만
원래 무너지는 것들은, 일들은
위쪽부터 시작된다

높은 곳이 좁은 곳만은 아니다
무한한 우주가 뾰쪽한 꼭대기에 그 시작을 밟고 있고
무너질 것을 염려하는 일을
기원하는 마음으로 끌어모은 정성들이 있다
저 위로 누구를, 무엇을 올려놓는 마음으로
이 좁은 곳에다 소원을 올려놓는 일이다
갈수록 작아지다 결국엔 티끌 같은
그 무욕이 하늘에 닿는다고 탑은 알려준다

합당한 방식으로 쌓은
끝들은 다 하늘이 꼭 잡아주는 것이다

나무의 주름살

상수리나무는 자글자글 주름이 많다
우여곡절이 나무의 나이테를 만들고
계절이 만든 몽고주름 눈두덩이는
다 슬하를 돌보는 힘이라고
가을이 되면 툭툭 잘 익은 잔소리를 떨군다
그런 상수리나무의 잔소리를 듣고
꼬리가 예쁜 숲은 겨울의 식량을 저장하고
잡식의 우거진 털은 제 몸에다
탐식의 두께를 더한다

귀를 열고 상수리나무 한 그루를 듣고 온 날
거울을 보았다 거울 속엔 상수리나무의 동년배쯤 되는
주름 많은 얼굴이 물끄러미 내다보고 있었다
그 주름 속엔 몇 명의 자식들과
뭉툭한 옹이 같은 옛날 말들이 들어 있다
휩쓸리지 않고 열매를 키워내는 나무는 없을 것이므로
푸른 이파리 다 떨어진 뒤의 주름은
촘촘하게 얽힌 바람의 흔적이다

주름은 세월을 가로 세로로 촘촘히 접고 있다
웃음 반, 울음 반에 섞여 접힌 흔적의 주름
표정을 잘 살피면
슬픈 일과 즐거웠던 날의 비례를 읽을 수 있다
이리저리 바람에 휩쓸리는 나무들
알고 보면 웃는 중일 테고
또 우는 중일 것이다

쉼표

빨간 숫자가
고개 돌려 숨 고르는 시간

마침표에 꿀꺽
침 떨어지는 부호

벚꽃

삼월이 오면 근황을 묻는
전화 한 통화

공산성 들녘은 꽃들로 환한데
그곳도 벚꽃이 만개했냐는
삼백육십오일 화피(樺皮)를 벗기는 안부 인사

해마다 봄을 밝혀주는
초승달 아래 발맞춰 걷던 해맑은 얼굴들
세월의 매듭을 돌게 하는 것은
머물지 않고 피는 꽃들의 개화이다

흐린 기억 속 떠오르는 이름들
오늘 내 생에서
보고 싶다는 기억이 피어나는 연중 고백이다

환한 창문 앞에 만개한 꽃은
그리운 얼굴들이다

구름의 밀도

구름의 밀도가
비의 군락을 결정한다

비는 옮겨 다니는 존재여서
구름의 수행쯤 된다
대부분 사람은 고이는 일을 두고 지상의 역할이라 하지만
하늘엔 지상의 것들보다
더 크고 넓은 것들이 항시 고여 있다

지상은 하늘에서 구름을 가져와
동식물의 키와 부피를 키우고 있다
그중 푸른 사과는 입을 벌려 먹구름을 먹고
지상의 물을 보관하다가도
몸집을 키우기 위해 다시 빨간 사과가 된다

밤하늘의 별들은
사과 속 씨앗들처럼 빛난다
가끔 구름은 지상의 물 깊이를 책임지고 있다

소나기와 번개와 천둥이 고여 있는 구름 속이지만
맑은 날엔 맹금류 한 마리가
잠잠하게 제자리 비행으로
고여 있을 때도 있다

해발이 산의 높이라면
해수는 물의 깊이쯤 된다
그 모든 높이와 깊이가 모두 하늘을 향한
미수(未遂)들이라면 믿는 사람은 몇이나 될까
밀도가 우거진 숲도 풀밭도 모두
구름의 밀도를 쳐다본다

나무들, 풀밭들, 그리고 온갖 과일들
그런 것들은 다 구름이 고여 있는 곳들이다

콩꼬투리

늦가을 콩꼬투리는 위험하다.
꼬투리에 안엔 저들만의 반경이 익어 있다.
바짝 익을 대로 익은 시기들이
일순간 뒤틀어지며 저의 최대치의 반경 밖으로
필생의 일탈을 날려 보낸다.
비틀어지고 뒤틀어지는 일의 교본(敎本)이 저런 것이라고
늦가을 햇볕이 일러주듯
콩밭에는 딱딱거리는 소리가 분주하다.

꼬이는 힘은 줄기와 뿌리에서 나온다.
꼬투리 안은 무르익은 곳이다.
쌓아두는 곳이 아니어서
터진 꼬투리 안은 텅 비어 있다.

빈 콩 껍질은 꼬투리 잡힐 일 없으니 편안하다.
봄 햇살 아래 스스로 털리는 청문회가 한창이다.
익지 않은 꼬투리에는 아직
푸른 물기의 이유가 숨어 있고

몇 겹을 숨긴 콩꼬투리에서 나오는 것이란
전전긍긍의 궁색한 대답들뿐이다.
그러므로 청문은 설익은 콩밭 같다.

추궁도 없는데, 저의 깜냥을 딛고
영역을 저쪽까지 늘리려
봄볕 한 평 개척하려던 그 옛날 일례가
고성 끝, 누그러진 훈계로 마침표를 찍는다.

비어 있어야 늦가을의 본형이라는 것을 모르는 일로
빈 껍질의 처지가 홀가분하다.

빈 껍질은 꼬투리 잡힐 일이 없다.
꼬투리는 잡는 일이고
잡히는 일이다.

틈

앙다문 일들이
얇은 틈을 만들었다
종잇장 하나 정도의 틈이지만
입맛의 부정교합 원인이 된다고 한다
한 끼의 식사가 알고 보면 얼마나 딱딱하고
거친 과정인지, 굴욕과 연명은 또 어떤 상존인지
치아들은 알고 있다

세상에 내 입과 치아에
딱 맞는 음식들과 입맛들은 없다
익숙해지는 것이 입맛이고
딱딱하고 어눌한 부위를 더듬듯
치아들은 조금씩 닮아간다
씹고 또 씹은 매 끼니가 닿게 한
미세한 틈으로 밥을 벌었던 일들과
앙다물었던 일들이 지나오고 지나갔다

일생을 살아가면서 우리는 안면(顔面)의 틈으로

보고 듣고 먹고 또 울고 웃는다
그나마 이 정도의 틈이 생겼다는 안도감에
두 눈을 질끈 감고 엄살을 부렸다

그래서였을까, 조금 거칠었던 표현들과
냉정했던 말들이 한결 어눌해지고
부드러워진 것 같기도 하지만
주변의 일들치고 부정교합 아닌 것 없다
흔들리는 나무들도 어딘가 헐렁한 곳이 있어
하나로 묶여 불고 흔들리고 수런거리는 것이다

틈은 숨결이다
숨을 쉬기 위해 숨겨 놓고 있는 곳이다
날숨과 들숨 사이가 일정한 간격인 것도
다 그 때문이다

그림자가 앓는 밤

누구나 자신의 그림자를 깔고 잠드는 날은
찌뿌둥하고 불편한 꿈을 꾼다.
돌아누울 때마다 관절이 닳은
그림자는 자주 모로 누우려 한다.
한때는 몸보다 빨라서
태양의 각도를 벗어나 저만치 앞서가던 그림자
나이가 들면서 뒤따라오는 그림자를 재촉하곤 하지만
아직은 그림자보단 빠른 몸이다.

노점(露店)은 한 사람이 쪼그려 앉고
몇 가지 채소들의 진열로 세워지는 허술한 구조물이다.
어깨와 허리가 빈 사과 상자들처럼 삐걱거리고
이문이 박한 날은 그림자도 끙끙거리며
설거지통 밥그릇 엉키는 소리가 난다.
그림자를 덧입는 날은
겨울엔 춥고 여름엔 덥다.
어둑한 상처들이 빠져나간 손끝과
두 눈은 검은 밤에도 화끈거리고

걱정스러운 그림자들이 아른거린다.

한 벌 그림자로 덧입고 사는 일은
온통 멀어지고 있거나 멀어져가는 일이지만
그래도 동병상련의 그림자가 있어서
한 겹 요를 깔듯 그 위에 잠드는 것이다.
소설책 열 권 분량의 인생사는
부록으로 묶어둔다.

보호자라는 시간

한 사람의 생사 앞에 서서
핏줄로 서명할 때
안절부절못하고 초조하게 기다리기만 하는 이름
위독의 길목을 지키고 서 있는 이름이 된다
무채색의 이름 위에
내 이름을 겹쳐 쓰는 그런 일
느닷없이 쾌청한 어느 날을 뒤지면
다급한 이름으로 발견되기도 하고
때론 누워 있는 이름을 일으키는
힘센 이름이 되기도 한다

나무는 그늘로 저의 이름을 쓴다
낙하하는 이파리들의 병명을
저의 이름으로 받는다

보호자라는 시간으로 할 수 있는 일은
시끄러운 창문을 닫아주고
이불을 다독여주고

시간에 맞춰 약을 먹이는 일
그때 내 이름은 두 사람 몫으로
두껍고 무거운 호명이 된다

한 사람이 누워 있을 때
서 있는 사람이 된다
한 사람이 사경을 헤맬 때
초조하게 서성이는 사람이 된다

삼월

양지쪽 눈치 보는 삼월이
두꺼운 모자를 벗는다
지난겨울의 흔적이 실눈을 뜨는
응달은 아직 흰색이 많다

굴뚝들의 연기가 가늘어지면
숲은 한층 마을 가까이 온다

물컹해진 나무줄기는
연두, 연두 하면서 연두색을 내밀고
아지랑이 풍년인 들녘은
투명한 넝쿨을 올린다

그렇지만 그런 일들은
몇 호흡 밖의 일
집안보다 집 바깥이 더 바쁜
날이 온다

제2부

사람을 감추는 사람

사람은 사람을 감춘다
내 눈빛은 대낮 부엉이 눈이다
어부의 뒤집힌 쪽배다

파도를 수선하는 섬

엉킨 파도를 잇고 푸는
사람의 손에선 잔잔한 물결이 묻어 있거나
말끔하게 수선된 파도 소리가 난다

파도는 물의 기분
사나워지면 물의 감정이 된다
어설픈 어부의 시절엔
헐렁한 파도 속을 몇 번 빠져나온 경험이 있지만
그물의 방식에는 건져 올려지는 것들과
빠져나가야 할 간격들이 있다

어선이나 어부들에겐 거센 파도지만
고래와 물고기들에겐 파닥이는 넓은 숨인 것처럼
밤하늘 반짝이는 은하수도 어쩌면
누군가 우주로 던져놓은 그물이 아닐까
그물의 좁은 간격으로 작은 물고기를
넓은 간격으론 큰 물고기를 잡아들이는
어부는 이미 뼈마디 굳은

파도의 간격에 익숙해져 있다

잔잔한 바다에선 윤슬의 매듭으로
파도를 수선하는 섬이 있다

오동도나 거문도에
저 촘촘한 별 무리의 그물을 던져놓으면
해 뜨는 아침과 해 지는 저녁이
파닥거리며 걸러들 것이다

머뭇거림의 질량

여름을 달리던 계절은
아침저녁으로 머뭇거린다
북향이 섞인 날씨들이 무겁게 내려앉는다
한 며칠쯤 뒷날에 맡겨놓은
여러 식물들의 성장점
머뭇거리는 날씨들을 겪은 채소나 과일들에선
생장점을 넘은 헛된 맛이 나기도 한다

흐릿한 날 저녁은 허기가 빨리 온다
입속으로 달려가는 숟가락들
내 손과 입이 머뭇거리는 사이
언니의 키는 문지방을 넘보듯 자랐지만
머뭇거렸던 일들은 두려움이라는 문턱 높이가 있다
잔뜩 흐린 반나절 같은 머뭇거림
우산에게 물어도 묵묵부답 같은
그런 질량들은 약 처방전으로
혹은 장롱 속에 접어들었던
간절기의 두께로 소환된다

그런 일례로 보아 계절은
사람의 것이 아니라
식물들의 고유한 처세들 같다

시큰거리는 맛

딱딱한 것을 씹을 때마다
어금니가 시큰거린다

치아는 아무래도 식물인 듯하다
저 혼자 뿌리를 내리고 자라서
기어코 저의 뿌리를 앓는
식물의 한 종류 같다

딱딱한 치아들에도
이토록 예민한 신경이 있다
날것의 섭생이 아우성쳤을 그 순간들이
고스란히 모여 있는 치아는
딱딱하고, 질긴 음식들을 어금니로
부서지는 소리 또한 기록했을 것이다

시큰거리는 맛은 소리가 없다
시큰대는 통증 속에
아주 날카로운 바람이 웅크리고 있다

화들짝 놀라는 순간 같기도 하고
어떤 모욕을 지긋이 앙다물었던 기억이
이빨 사이에 집요하게
끼어 있었던 것 같기도 하다

가끔 치아에서
바람이 불 때가 있다

물의 옹이

돌멩이 하나를 던져보면 물은
금세 구겨진 옹이가 생겼다 사라지는 것을 볼 수 있다
마치 기다렸다는 듯이
헝클어졌다 다시 잠잠하게 펴지는
바다엔 그런 옹이들이 많다

나무의 옹이들이
제 수족을 뚝 떼어낸 자국들이라면
바다엔 사나운 옹이에 받혀 침몰하는 어선들이 있고
풍세 사나운 밤을 지나는 바닷가 마을이 있다
물의 기슭을 물고 있는 아가미 같은 마을
그런 물기슭엔 따개비 같은 집들이 또 있다
물에서 돌아오지 않은 사람을 기다리는
사람들이 흘리는 눈물도 짭짤하게 절인
몇 방울 옹이들이다

깊이를 알 수 없는 곳의
밥을 버는 일이란 늘 울렁거리는

뱃멀미를 앓기 마련이지만
뭍은 뭍대로 휘청거리기 마련이다
큰 섬 하나를 감고 도는 물결이 있듯
나무의 옹이를 살펴보면
살짝 무뎌진 곳을 돌아나가는 물살들이 보인다

고봉밥 바다

이팝나무 하얀 꽃이 지천일 때
꽃 글씨 써서 놀러 오라는 누이의 편지
외길로 이어진 마당
바닷물이 축대 벽을 치는 바지랑대에는
지천으로 널려 말라가는 생선들이 있고
선착장 바닥은 미역귀들이
쫑긋 서서 물살을 타는 곳
바다는 발아래에 있지만
그 바다가 키우는 바람은 높아서
낮은 집을 지어야 해,
바람의 키를 훤히 알고 있는
누이의 말투는 물고기를 닮아 재빠르다
배고플 때 미역귀만 먹어도 배불렀어
짭짤한 고봉밥이야,
말투에는 갓 걷어 올린 미역 냄새가 났다
키 큰 나무들이 없는 섬
바다보다 더 낮게 몸을 낮추는 사람들
스스로가 방풍림이라 여겼다

이젠 맨발이 따뜻해지는 사이
휘어지지 않는 닻의 무게로
누이는 거친 항로를 항해하고 있다
깊이를 알 수 없는 밑바닥이 수런거리는 날
지붕이 높고 큰 것을 원했던
막막한 눈가의 메마름에
이제야 그 낮은 뜻을 이해한
푸른 물기 자욱한 열두 살 나의 어린 시절이
시장기로 몰려온다

물방울 탑

겨울은 물이 거꾸로 자란다
물은 식물이나 흐름을 따라 자라지만
지붕에서 제 키를 늘리기도 한다
지붕에서 떨어지던 한낮의 물방울들
밤이 되면
냉기의 탑이 된다

혼자의 힘으로 일어설 수 없을 때
추운 것들이
막다른 기원으로 버텨내는
눈물 한 방울 같은
영하의 극점
조금의 온기만 닿아도
녹아서 흘러내리고야 말 물방울
뼈대도 없는 염원이라는 것
오죽하면 유리창 밖 지붕 밑 추운 날씨의
끝에라도 붙어 보겠다고 할까

바닥까지 닿지도 못하고
공중에서 얼고 공중에서 녹아 사라지는

고드름은 물방울들의 끝
잠란(蠶卵)의 집이다

물 냄새

회귀성 어류들은 자신이 태어난 물의 냄새를 구별한다는 말을 들은 것 같은데

종일 내리는 비는
또 어떤 회귀성 존재일까.

풀잎에서 증발한 이슬방울들과 작은 웅덩이의 표면 장력들, 작은 구름이 자라는 일은 크고 사나운 구름으로 뭉쳐지는 일. 번개와 천둥으로 먹구름을 부수고 쪼개다 보면 곧 맑은 햇살이 쏟아지기도 하지만

다시 소나기로
땅 위에 존재하는 생명체들에게
지상의 파열음으로 돌아온다.

흙냄새가 나는 여름 소나기에는 미꾸라지 끓이는 냄새가 나고 쌀쌀한 북방기류가 묻은 가을 소나기에선 툰드라의 이끼 냄새가 난다.

또 느닷없이 맞는 소나기들에선 살면서 잃어버렸거나 깜박 잊고 두고 온 우산들의 냄새가 난다.

산란을 위해 회귀하는 은어들은
꼬리지느러미의 고단함이나
미끄러운 돌의 이끼를 달려온
내리막과 오르막의 물 냄새를 맡는다.

폐선

한동안 젖은 주춧돌처럼 멍하니 서 있었다
지평선에 떨어지는 해처럼
초여름 바람에 실려 오는
아버지의 체취가 몸 위를 휘감는다
썩은 널빤지가 엉클어진 자리
깨진 전등에 새긴 아침 켜는 등불 소리
뱃머리의 고동 소리
만선의 즐거움을 알리는 든든한 아비의 소리로 들려온다

학교 잘 댕겨왔나
밥은 묵고

뭉클뭉클 서풍에 전해오는 되새김질 소리
소금기 젖은 땀 냄새 온기가 흥건하게 고인다
갯벌 바닥에 뒹구는 모래알들
비바람이 불어도 자리 지키는 갈매기들의 쉼터라고

아버지가 걸어 나가신다

그물과 밧줄은 어선에 놓아두고
금방이라도 돌아오실 것처럼

손에 묻은 것들

놀다 들어온 아이의 손엔
온통 놀던 흔적이 묻어 있다
즐거움에 지친 손에는
재미있는 일들이 가득 묻어 있다

자라면서 재미있는 일들을 묻히는 일이
점점 줄어들겠지

어릴 적 재미있는 일들이 가득 묻은 손
자식을 키우느라
깨끗한 손, 무미건조한 손이 됐겠지
그러다 어른이 되면
힘에 겨운 일들이 손에 묻겠지

아무리 탁탁 털고 씻어도
난제들이 손에서 지워지지 않겠지
두꺼운 장갑을 껴도
악착같이 묻는 힘겨운 일들

손톱 밑에 낀 즐거움으로
아이는 내일도 즐겁겠지

미숙한 일이 익숙한 일로
혹은 더는 손에 익지 않는 일로
아이의 손에서 자라겠지
물끄러미 한때 재미있었던
저의 손을 내려다보겠지

여름 우울증

비는 그칠 줄 모르고
우울증에 걸린 여름이 몸을 눕힌다

밤낮이 뒤섞인 진흙빛 비
윗녘을 모르는 아랫녘들은
하늘을 우러러 두 손 모아 울음을 삼킨다

흙탕물 머금은 빗물은
강둑의 틈을 허물고
속살까지 드러난 마음을 적신다

구례마을 양철 지붕 위
정신줄 놓은 황소 한 마리
젖은 눈으로 새끼를 품고
여물 씹듯 어미의 울음은
강물 속으로 가라앉는다

새끼줄 엮은 지붕마저

두둥실 떠내려가며
피눈물도 목소리도 함께 쓸려가는데

그래도 비는 그칠 줄 모르고

후유증

소문이 달려들면
말문이 막힐 때가 있다

어릴 적 밤에 화장실 가면
붉은 손이 엉덩이를 만진다는 소문을 알려준 오빠
문고리 열면
붉은 손이 바지를 벗길 것 같다

굴뚝새가 나뭇가지 위에서
세 치 혀로 흔드는 붉은 손의 전설들
집착은 두 팔 벌린
아이의 동그란 눈을 감긴다

대나무 속에 갇힌 바람은 대나무의
그 비좁음으로 서서 요란한 댓잎 소리를 냈다
살아 있는 대나무보다 죽은 대나무가
더 요란스러운 소리를 냈다

새의 솜털들은 바람의 방향을 모르고
다만 새를 꽁꽁 닫아건 문의 역할들
뿌리의 단점까지 안 소문은
마리우폴 부서진 화장실 창문 안까지 엿본다

소낙비

시끄러운 소리는
어제의 엇갈린 칼날
핏발선 눈빛은 번개의 씨앗
부릅뜬 말은
마른 날에도 하늘에 일그러진 금을 낸다
불씨는 잿더미 속에서 나온다

어제 왜 늦었는데?

그 한마디에
천둥소리 휘날리고
등을 맞대고 돌아선 발걸음이
돌계단을 오른다
언제쯤 번개와 천둥의 후유증이 끝이 날지

나를 바라보는 이 길은
정오의 햇볕이 어제와 같은데
땅 위에 고요가 한 마지기이다

제3부

마음이 가는 쪽

나는 이 다리가 맞다고 말한다
올 때 보도블록 사이의 무늬를 보았기 때문이다

그는 저 다리가 맞다고 말한다
올 때 붉은 지붕들이 눈에 들어왔다고 했다

무릎 아픈 사람은
느릿느릿 발을 옮기며 다리 위를 걷고

우리는 서로 조금씩
다른 방향을 바라보며 다리 위에 서 있다

다리 아래 시냇물은 돌부리에 부딪혀도
말없이 한쪽으로 흐르고

낯선 다리 위 다르던 눈길들이
같은 쪽으로 고개를 돌리다
잠시 멈춰 흐르는 물처럼 나란히 바람을 맞는다

멀찌감치

우리는 분간의 밖과
안쪽에 나누어 살고 있다
빈집을 지키며 사람을 반기던 개도
한낮 소나기가 그린 무지개도
이제는 멀찌감치 저쪽으로 가고 있다

내가 멀어지는 것인지
저 앞쪽들이 멀어지는지 모르지만

노인들이 뜨겁다고 멀찌감치 앉으라는 말은
몸과 마음이 차가워지고 있다는 말
멀어졌거나 서먹한 사람끼리
마주치는 자리라면
그때 멀찌감치는 참 유용하다

그런 멀찌감치를 관계의 중간에 두면
꽤 유용한 핑곗거리가 된다

노인들은 천천히 걸어서
어느새 멀찌감치까지 갔을까

안부의 밖 같기도 하고
모든 인사들의 밖이기도 한
그 멀찌감치들

모든 비는 오는 소리로 오고
가는 소리가 없는 일과 같다

테두리에 관하여

바다는 수평선이라는 테두리가 있어 출렁거리기는 해도 넘치거나 쏟아지지는 않는다. 산등성이는 떠오르고 지는 해도 오래 머물지 못하는 좁은 테두리다.

사과는 껍질이 테두리가 아니고 속의 씨앗도 아니고 꼭지가 그 테두리다. 비 오는 날의 수면을 보면 무수한 빗방울이 저희들의 테두리를 섞어 가서 물줄기가 되는 것을 볼 수 있다. 첨벙, 소리는 돌멩이들이나 개구리의 테두리이고 한 가정의 테두리는 함께 모이는 저녁이다.

나는 한때 엄마의 한숨이 테두리였던 적이 있었다.

낮달이 머무르는 꿈속에서 희망을 써놓았던 노트에도 습기가 엄습했다. 분수의 바구니를 넘치지 않게 하는 흑백의 테두리에는 뒷면에 붉은 태양이 있었다. 간절한 소망 같은 것도 테두리의 경계에서 천천히 크고 있을 것이다.

각자의 테두리는 각자의 크기를 담고 있지만, 안쪽과 바깥을 동시에 갖고 있다는 것에 대해선 잘 모른다. 으리는 모두 지구의 중심에 서 있다고 믿지만 둥근 밤을 도는 달은 밤의 둘레이고 태양은 한낮을 도는 낮의 테두리인 걸 알게 된다.

뱀이나 갑각류들은 주기적으로 자신들의 테두리를 갈아치운다.

연기

드럼통 아궁이 위에 빈 솥 걸어놓고
웅크리고 앉아 불을 때는 여자
아직도 눅눅한 날 많이 남았다는 듯
흰 연기 무럭무럭 풀어져 나온다

어디서 저렇게 탁한
연기의 뭉치들이 고여 있었을까

눈 뜨지 말라고,
눈 꼭 감고 죽은 듯 살라고
매운 눈물 들어 있는
연기의 눈치를 평생 받아왔을까
애면글면 속 태울 만큼 태운 뒤끝
그을린 손끝이 나뭇가지를 들썩거리고 있다
그을음처럼 제멋대로 묻는 욕망
여전히 남아 있는 저 연소성의 뒤끝들
그래도 불 한껏 붙으면
연기는 온데간데없이 사라질 텐데

어느 밑바닥을 끓일 때마다 앞을 가리는 연기
웅크린 팔을 뻗자 그을린 이력이
솥단지 속에서 보글보글 핀다

사람은 누구나 자신을 태울 만큼의 연기를
마지막까지 갖고 있다
쿨럭쿨럭 저의 매운 수위에 빠져 잔기침 내뱉지만
연기 없는 온기가 어디 있겠는가
저녁놀이 연기도 없이 지고 있다

계단참

계단의 위아래가 있다는 것을
상기시키듯 계단참이 있다
그곳에선 내려오는 일과
올라가는 일이 잠시
그 순서를 양보하는 일도 있다
그곳은 생각이 엇갈리는 곳
자신의 지분이 반 층 아래에 있는지
반 층 위에 있는지 늘 고민하는 곳이다
누구는 그곳에 서서 중재를 배웠다고 했고
누구는 되돌아 내려가거나
다시 올라가는 법을 배웠다고도 했다
지분이 없는 이들은 그곳에 앉아
앞날의 희망을 심어두는 곳이기도 하다

늘 중간을 앓는 층계참

즐거움에 웃는 목소리가 윙윙거리거나
간혹 훌쩍훌쩍 우는 소리가 머무르는 곳

까만 밤에 불 꺼진 창을 기웃거리던
지고지순한 발자취도 있는 곳
웅크리고 있는 그곳에는
무수한 발자국들이 모여서
슬픔과 즐거움의 중간을
쉬고 있을 것 같다

뒤끝

서늘한 날씨
이것이 여름의 뒤끝이라면
뒤끝 몇 개쯤은 가져볼 만하다
울던 매미가 뚝 울음을 끊고
아침과 저녁이 같은 온도로 의기투합하는
이런 뒤끝이라면 속 시원한 일이다

어떤 뒤끝들은 끊어진 주변을 빙빙 돈다
치열한 몸짓으로 살아온 가늘고 긴 발목
층계를 오르내리며
중심을 잡으려 애를 쓴 흔적이
끊어지지 않고 절뚝거린다
이렇게 좁고 가는 줄기였냐고
인대가 늘어진 발목의 단면을 확인한다

등을 보인 저 날씨는
여름의 끝인지 가을의 초입인지
힘 빠진 목을 떨구듯

떨어진 꽃송이들을 주고받는 사이
꽃 지는 소리에 귀 밝은 밤이 찾아온다
꽃들의 절정에 붉은 손톱을 내밀던
그 여자의 얼굴에도 머리카락에도 피었던 일들이
뚝뚝 지고 있다

뒤끝을 바라보는 일
뒤끝을 보이는 일 중 어느 쪽에 있었는지
그중 마음 가는 뒤끝을 들고
눈 밝은 저녁이 된다

뒤끝은 여실한 일
살펴보면 실낱이 아직 붙어 있다

생각에는 생강이 필요해

담벼락 생강나무에 핀 노란 꽃
부지런히 소를 몰고 오는 저녁에
꽃잎 하나 씹으면
빈 뱃속 침이 고였다

병원 근처로 이사 후
다급한 구급차 소리에 붉어지는 귀
얼굴에 번지는 의문의 열꽃들
가로수길 직박구리도
통증의 거리에 문을 닫는 귀

생강 젤리를 녹여서 먹겠다는
소소한 시간이 봄의 날이다
그럴 때 씁쓸하고 질긴 생강이 필요해
몇 년 생인지
고향이 어디인지
어떻게 살았는지 묻지 않는 생강
씁쓸하고 끈적거리지 않는

질근질근 씹으면
들기름 넣고 무친
고향 돌나물이 생각나는 생강

생각에는 생강이 필요해

깨진 창문

창문이 깨졌다
유리들은 원망과 걱정으로 쉰 소리가 났다

아이의 이마에 붉은 상처가 얇은 창문에
비쳤다 엄마의 핏빛 동공에
하얀 꽃이 피었다

화가 바짝 익으면 돌만큼 무거워지고
깨고 싶은 곳들이 반짝 빛난다
어둑한 하늘에 떠 있는 상현달이
골목 안을 비추고 있다
유리 파편들은 무질서와 탈선으로 자유롭다

오해와 이해의 골목 안
깨진 창문에 꽃 그림을 붙이는 희망들
거친 낙서의 상처투성이를 아우르는 햇살이
거리를 비추기 시작했다

피미엔 나카스*

보이는 곳은 물안개
가야 할 곳을 잃어버린 손발
사지(四肢)에 안개꽃이 피고
하얀 껍질을 벗은 뱀은
반쯤 감긴 눈으로
창자 속을 도보 중이다
스펑나무에 앉은
앵무새는 말이 없고
의심과 걱정을
모서리마다 쌓아둔 잔설은
똑똑 끊어지는 말투다
공복과 긴장이
일몰의 물음표로 채워질 때
기도로 내뱉던 태아의 날갯짓
눈을 뜬 순간
천장이 빙빙 돈다
지금은 수면내시경 중이다

---

*캄보디아 앙코르와트의 천상의 사원이라는 뜻을 담은 유적.

붉은 숨, 사라지지 않는 이름

어둠이 짙게 깔린 세상, 순창의 한 아들이 일어섰다.
나라말이 금지되고 이름마저 빼앗긴 시대
그는 학교 교문 박차고 나와 앞장서 외쳤다.

독립을! 자유를!

그 함성은 철창에 갇히고 김천교도소의 차가운 바닥에 스몄다.
쇠막대가 내리칠 때마다 살점은 뜯기고 피는 흘렀다.
기둥에 묶인 채 문질러진 몸
고춧가루가 뿌려진 상처 위로
붉은 고름이 배어 나올 때 한쪽 폐는 슬픔을 머금고 거칠게 숨을 몰아쉬었다.
사상범의 길은 핏빛 고통을 삼키며 버티는 일
놀란 그의 아버지 사흘 만에 쓰러지고 큰형은 직장마저 사라졌다.
지붕을 두드리는 빗물에
그는 누런 신문지에 스며드는 진물을 닦으며 기다림을 외쳤다.

  독방의 벽에 새기던 무색(無色)의 그림 그것은 눈 덮인 동산리 지붕이었을까
  아니면 뒤뜰 장독대에 정화수 올리던 어머니 손길이었을까
  북풍이 차갑게 불어와도 목숨을 구걸하지 않았고
  초가집 장독대에서 들려오던 어머니의 낮은 기도 소리가
  내내 그리울 뿐이라던

  나의 아버지 김상권 氏

근심의 무게

아무리 근심이 많아도
저울의 바늘 끝은 떨리지 않는다.

가상의 무게,
해결되지 않는 근심
정신을 차려보면
부피만 있고 무게가 없는 일들이 있다.

환상통처럼, 없는 무게를 느끼는 일이란
스스로 숨어 있거나
숨긴 곳에서 웅크리고 있다.
개념 없이 흔드는 근심에
오히려 제가 숨은 그 몸을
조금씩 헐어내 먹는다.

근심 없는 몸이 어디 있나.
식물들도 하물며 그 단단하다는 돌들도
그 속에는 다른 문양을 들여놓고 있거나

싹트지 않을 씨앗 몇 개 숨어 있다.

근심의 무게는 어쩌면
작은 매듭같이 생겼을지도 모른다.
우연찮게 풀리는 신발 끈의 매듭처럼
제풀에 지쳐 풀어질 때도 있다.
그때도 저울의 바늘 끝은 변함이 없다.

군락지들

세상을 살펴보면
군락지들 아닌 곳 없다.
각종 향우회나 동창회들
일정한 거리와 면적으로 묶인
동과 면과 마을들은 다 군락지들의 일종이다.
그런 군락지들끼리 모여서
체육대회나 결사반대 집회를 열곤 한다.
외딴곳에서 사는 집들도
햇볕 드는 터전이라는 군락지를 이루고
바람과 물의 결을 이용해 사는
편서풍들과 썰물 밀물들도 그와 같은 종류들이다.
기슭에서 자란 나무의 슬하들은
한참을 굴러 내려간 곳에 있다.
할 수만 있다면 멀리, 멀리 보내려는
본능이 데굴데굴 굴러가다 멈춘 곳
평평한 평지에 그 수종의 군락지가 있다.
종족 번식이 우선인 나무들의 능력에
숲은 무성하고 열매는 견고하다.

꼬리를 흔들며 지나가는 뱀
빗방울이 그리운 햇살 좋은 날
저수지 수면에 윤슬의 군락지가 펼쳐진다.
어둑한 무렵에 뭉쳐 허공을 굴러다니는
하루살이들은 저녁의 군락지다.
특정한 곳이 아니라
이곳저곳 맑은 날을 골라 다니는
군락지들도 찾아보면 많다.
멸치 떼나 정어리 떼들은
천적 주변이 군락지라는 것을 알게 된다.

겨우살이

여름이 던진 풀씨가
겨울 나뭇가지에 걸려 있다
하늘에서 떨어진 푸른 별 하나
풀씨를 키우고 있다

미처 겨울을 준비하지 못한 계절도
나뭇가지 위에 회색 구름을 가져와
겨울 집을 지었다

가지에 기생하여
바람과 기운 햇살 속에 꽃을 피운 겨우살이
늦잠 자는 안개를 다독이며
달력의 숫자로 지구본을 만들었다

겨울을 넘기기 힘든 나약한 육신들에게
풀씨는 희망
푸른 별이 키운 풀씨가
나뭇가지에서 둥글게, 작게 빛나고 있다

제4부

순창, 겨울 눈

여섯 살 아이 눈을 떠보니
자기 키보다 더 높게 푹푹 쌓인 눈
길은 눈 속에서 길을 잃고
눈(目)에서 눈이 내린다

엄니가 날 데리러 온다 했는데
손꼽아 기다리던 날들은
달력의 숫자처럼 하나둘 묻혀가고

우물가에서 속삭이던 내 독백도
얼어붙은 물속으로 가라앉는다

아득히 멀어지는 엄니의 얼굴
초가지붕 아래
웅크린 참새 새끼들의 울음소리

야윈 햇살도 눈 속에 스러지고
마른 눈물마저 눈 속에 묻히던 날

벽과 벽

지구엔 철조망을 만드는 공장들이 많다
최근 들어 그런 공장들은
철조망에서 체념으로 바꾼 간판을 달고
여전히 쇠를 녹이고 있다

동물들은 영역을 잃은 지 오래다
야크나 당나귀가 허물어지고
대신 줍교나 노새가 가벽처럼 둘러쳐져 있다

철조망은 새로운 종류의 영역이 된다
추위와 더위, 날씨들이
가르면서, 거두면서 또 다른 벽이 된다

태고부터 존재해 온 벽과
인간이 창조한 벽이 자연의 기후를 따르는 벽
벽은 불가능의 영역이 아니다

벽은 허물어도 자동으로 세워지고 철거되는

밤과 낮의 공법
그 벽에 기대어 쉬는 존재들이 많다

어떤 계산

다정슈퍼 계산대 위
소주 한 병과 통조림 한 통 달아놔요
주인은 때 묻은 노트에다 몇 줄
외상 품목을 적어 놓는다

소주 한 병의 술기운이 끌고 가는 하루의 공백
어수선한 품목이 쓰인 노트에
피치 못할 사정들이 누워 있지만
삶이 언제 독촉한 적 있을까
통사정하며 매달린 적 있을까

일 없는 나날들
그럴 리야 있겠는가
다만 몸 어딘가에 긴 장마같이 눅진한
통증이 개이지 않을 뿐
지우거나 더한 품목들에
오늘의 빗줄기는 시들어가는 잎들의 구원
기다리다 보면 어느 날엔 합산의 날이 있어

외상 목록에도 빗줄기 같은 빗금이
쭉쭉 채워지겠지

없는 날엔 장부에 기대고
목돈 생기는 날엔 죽 그어지는
빗금에 기댄다
어수선한 품목들 두서없는 간이 슈퍼라 흉보지 마시라
이래 봬도 얽힌 속 아침부터 풀어주는
얼큰한 곳이다

오메, 오메

오대조 할아버지 손때 묻은
삼백 년 된 정자나무는
바랜 잎으로 곰방대를 문다
내 손금과 닮은 남은 몇 잎이
저녁을 토닥이고 아침을 여는 말

오메, 오메

백양나무의 깊은 옹이를
회색 시멘트 덧칠한 뼈마디에도
듬성듬성한 초가지붕에도
실개천을 흐르는 물 위에도
자필 유서처럼 속삭이는 자비의 말

오메, 오메

개구리와 수영하던 앞 냇가
돌부리에 베인 무릎 위로 스며들던

동산리 냇가의 돌 속 가재처럼
생각 없이 툭 튀어나오는
걱정과 위로의 말

둥우리 버섯

까치가 나뭇가지에 앉아
덩그러니 집을 지키고 있다
이제는 그림 한 점으로 남은
목조 집

하얀 곰팡이로 피어난
흙벽의 온도
썩은 가지 위 얼기설기 집
새끼들의 벌린 입들

굶주린 혀와
저녁의 두려움에 오므린 발톱
그래도 새끼들은 깃이 자라고 발톱이 억세졌다
가을의 이삭이 절실한 까치들
둥우리를 키우던 뻣뻣한 가지가
한설(寒雪)에 꺾어지고

지붕도 없는 육신 기울자

비로소 빈집이 되었다

나무 사이로 보이는 흰 구름
검은 염소 무리 지어 햇살 뜯고 있는 숲속에서
흰 구름 모자를 쓴
한 시절이
홀연히 날아오르고 있다

교정

보이는 대로
보고 싶은 대로 보는 것이 자유다
정시(正視)로 보듯 사시(斜視)로 보듯
초서체를 따라가는
느리게 하늘을 쳐다보는
익숙하지 않은 동작들이
필요한 동작으로 불편이 휘어졌다

왼쪽으로 눈을 돌려
척추를 곧게 세우니 발등에 뼈들이 놀라서
살갗을 당긴다
습관 쪽으로 익숙해지는 중력의 법칙
기울어지는 쪽으로 받쳐놓은
신음만 끙끙 휘고 있다

교정을 할 때마다
지구의 각도가 조금씩 틀어졌다
몸은 틀어지는 쪽으로 늙어가고

별자리들이 이동했다
왼쪽이라고 느껴졌던 곳들이
오른쪽을 나무랐다
그때부터 오래된 습관을 달래면서
데리고 다녔다

한쪽으로 허물어지고 있는 저녁 무렵의 몸
올바른 자세마다 불편한
불합의 날들이 또 삐걱거린다

직립보행

저기 50만 년 전의 여자가 걸어가네.
진화의 정점을 지난 여자는
오르는 것보다 더 빠른 내리막을 내려가네.
오르막길이란 퇴화의 과정이라네.
여자의 어깨는 온종일 엎드린 노동으로
두 발의 걸음이 구부정하네.
저 늙은 여자의 일은
텅 빈 박스를 접고 또 접는 일이었네.
체념으로 굳은 여자의 손 앞에서
박스들은 온순해졌네.

꽉 찬 박스를 향해 오르던 지난날이
여자의 저편에 있긴 있었네.
꼿꼿한 아침 햇살을 먹다 보니
허리 구부린 저녁노을이 찾아왔네.

이제 늙은 여자에게
비어 있는 것은 너무도 익숙하다네.

부피보다 질량이 가벼운 걸음걸이
호모 에렉투스 진화의 과정을 시연하는
저 엉거주춤한 여자의 보행
박스의 부피를 접고 접어서
접은 무게를 환산하고 돌아가는 길
노을도 숨는 저녁에 이르러
헐렁한 초록의 방으로
접어지듯 들어가고 있네.

매미

어떤 울음은 너무 높아서
잡을 수 없었다

발돋움 끝에 손을 뻗으면 포르르 날아갔다
울음은 그런 것인 줄 알았다

울음에 귀를 열고
울음에 귀를 닫고
울음에 귀 기울이는 정적들

울음 근처까지 닿을 수 있는 사다리는
너무 높아서 아찔했다
손 닿지 않는 곳 때문에
종종 울게 된다는 것을 알게 되었다

잘 자라지 않는 나의 키
그 끝에는 언제나 울음소리가 들렸다
지금은 손 닿지 않는 시절이라고

발돋움을 더 키워야 하는 시절이라고
위로하며 뒤꿈치를 달랬다

울어야 할 때를 아는 매미는
우는 계절에 전 일생을 둔다

해가 증언하는 방식

나무들이 해를 증언하는 방식은
반짝이는 초록들이다
가뭄은 말라버린 저수지의 물 눈금으로
서서히 바닥과 가까워지는
수심으로 증언한다

선한 눈으로 아침을 여는 햇살은
구름 한 조각과 바닷물에 따라
생김새와 느낌이 서로 다르다고 증언한다
동쪽에서 서쪽으로 지는 해의 방식
돌고 도는 지구본 그 중간에
구름의 의문이 섞여 있긴 하지만

과일들은 태양의 위치를
저의 몸에 새기길 좋아하는 존재들
푸른 사과는 햇살에 따라
붉은 사과가 되고
햇살을 먹고 사는 얼굴들은

국경선의 각도에 따라 다른 언어들을 뱉고 있다

지구에 사는 대부분 생명은
태양의 증언으로 산다
나이테와 과일 맛 그리고
저수지의 물이 태양을 증언하는 방식으로
사람은 고단한 노동을 실천한다

지척

지하철 성복역을 내려가다
누군가 전쟁 이야기를 했고 살려면
이렇게 깊은 곳으로 들어가야 한다고 했다

깊은 곳, 그곳은 죽음이 아닌가
평생의 키를 키워도
웃자람 없는 육신의 깊이만큼 파고
냉정한 방 속에 혼자 반듯이 눕는 것 아닌가
살아 있는 공포도 두려움도 없는 곳
그곳이 가장 안전한 곳이라는 말에
계단을 내려가면서 숨이 휘청거린다
그런데 삶이라니
살아남는 방법이라니

초록의 공기를 느끼고 싶어
산자락 아래 누옥(陋屋) 하나 마련했는데
전쟁도 공포도 증오도 또 삶도
자꾸만 깊은 곳으로 들어가라고 한다

야윈 햇살이 책꽂이를 곁눈질하는 방
신간 서적을 읽는 기다란 책상
오늘 하루 동요하는 소리를 달랠 수 있는 의자
그곳은 단 하루의 피신처라고
밥 한 그릇 먹고 긍정 막대 하나 꽂으니
공포와 빙긋 웃는 체념이 모두 지척에 있다
그거면 됐다

우리 집, 혹은 우리 꽃

막다른 골목을 다른 이름으로 말하면
라일락쯤 되겠다
라일락은 항상 남의 꽃
아니면 우리 꽃이다

새순 이파리들 검은 눈곱 비비고
일어날까 누울까, 눈치 보는 담장 안
쓴맛에 터진 손등이 담장 밖을 부른다
사월의 빗방울에 깨어나는
담장 밖 라일락을 좀처럼 보기 어려운 것도
향기 없는 소문이 새어 나가지 않은
집안의 꽃이기 때문일 것이다

라일락이 있어 사월은 빠르다
아침 햇살로 가는 하얀빛으로
음표를 만들고 끊긴 기타 줄을 손본다
무딘 손에 실웃음이 튕긴다
기타의 2번 줄과 3번 줄이

환절기 하나를 주고받는 소리가 들린다

라일락 지면
사월이 지고
빈 나무로 가을까지 얇은 이파리만 겉돌듯
봄을 그리는 그늘 하나 매달려 있다

나팔꽃 사랑

무음을 즐기는 나팔꽃
자잘한 소음의 돌기들이 꽃잎에 가득 들어 있다.
분명, 나팔 모양을 부여받았을 대는
소리의 집이 되어라, 다짐받았던 일이
분명 있었을 것이지만
아무리 높은 곳까지 감고 올라가 외쳐도
듣는 귀들이 없다.

아무래도 나팔꽃은 저 무한한 공중에 대고 무음의 심장 소리 하나 얻으려고 이곳저곳을 청진하고 있는 듯하다. 가끔, 자신이 올라온 뒤를 돌아보면 왼쪽으로 꼬인 줄이 끝까지 자신을 따라온 것이 보이곤 할 때, 나팔꽃은 어디에도 없는 사지(四肢)를 수소문하고 있는 듯하다.

아주 오래전엔 사람의 작은 목소리들을 위해 자신의 모습을 빌려주기도 했지만, 사람들은 큰 목소리를 얻게 되자 오히려 먼 곳을, 더 먼 곳을 부르려는 일에만 혈안이 되어갔다.

오늘도 소리를 더듬는 나팔꽃
누구는 지순한 순애보를 그 모습에서 찾았다고 하고
또 누구는 헛된 비행이라고도 하지만
오를 곳만 있으면 감고 올라가는
확성기의 날들은 고요하기만 하다.

새하얀 온기

하얀 눈이
미사포로 온 산을 감싸안는다

연기도 없이
밥상 하나 차려진 새벽

첫발 내딛는 나뭇가지 곁에서
밑동만 남은 나무는 빈 가지에
눈사람 하나 달아매고
차가운 길을 걱정한다

한때 화살처럼 질주하던 메타세쿼이아도
갈색 꽃을 피워
구들장 아랫목을 내어주고
보글보글 뜨끈한 밥을 짓는다

저 언덕 너머
아침이 되어도 연기 오르지 않는 굴뚝

잠 못 드는 새벽에도
눈밭 대신
김 서린 밥 한 그릇
말없이 곁이 되어준다

구겨진 뒤끝들

누군가 버린 휴지 뭉치를 보면
뒤끝들이란 다 구겨져 있다
닦고 훔쳐내는 것들은
평평한 것들에서 구겨지는 일의 마지막 행위
구겨지지 않는 물도
사람의 몸속을 돌고 나면
한 줌 구겨진 뒤끝이 된다

내 이야기보다 남의 이야기가
구겨진 게 많다
구겨진 생각을 입 밖으로 쏟아내면
입 안은 개운해진다

그렇게 매일매일
구겨진 것들 속에서 겨우 빠져나오며 살고 있지만
내 얼굴이며 피부는 여전히 구겨지고 있다

해설

'틈'과 '거리'에서 탄생하는 윤리

강동우(문학평론가·가톨릭관동대 교수)

1. 존재의 낮은 자리에서, 다시 쓰는 윤리학

　김화연 시인의 세 번째 시집 『사람을 감추는 사람』은 지나온 젊은 날들을 온전히 갈무리하고, 다가올 시간을 향해 조심스레 숨을 고르는 내면의 기록이다. 첫 시집 『내일도 나하고 놀래』가 일상성과 감성의 친근함으로 독자에게 말을 걸었다면, 두 번째 시집 『단추들의 체온』은 관계의 온도와 반복되는 생활 속의 감각들을 섬세한 언어로 보여주었다. 두 시집에서 보여준 삶에 대한 시인의 진심 어린 응시와 창작 의지는 이번 시집에서도 여전히 투명한 목소리와 진솔한 정조로 드러난다. 그 육성은 결코 요란하지 않지만 오래도록 마음을 붙잡는 울림을 지닌다.

『사람을 감추는 사람』에서 그가 이룬 성취는, 이전과 전혀 다른 화법의 모색이라기보다는 자신이 걸어온 세계를 더 깊이 심화시키고 더욱 정제된 언어로 이전보다 더 내면 깊은 곳, 더 침묵 가까운 자리로 이동한다. 그러니까 이번 시집은 그가 지금까지 구축해 온 서정성에 더 근원적이고 근본적인 '틈'과 '균열'을 사유한다. 사람 사이의 거리, 기억의 틈, 말과 말 사이의 공백은 시인의 새로운 감각적 질료가 된다. 그래서 김화연은 정면이 아니라 측면에서, 중심이 아니라 주변에서 대상과 세계를 바라보고 삶을 기록한다. 화려한 중심을 향하기보다 변두리의 목소리, 일상의 가장 낮은 자리, 관계와 시간의 틈새에서 길어 올린 언어가 주조를 이룬다. 그것은 중심을 외면하는 고집이 아니라 오히려 소외되고 버려진 자리에서 빛나는 윤리적 감각에 대한 시인의 각별한 애정이라 할 수 있다. 그는 세계의 가장 낮은 층위에서, 비워진 자리와 흔적들 속에서 말 없는 언어를 길어 올린다.

그런 면에서 이번 시집에 반복적으로 등장하는 공간적 은유(구석, 그림자, 암흑, 옹이 등)는 주체와 타자 사이에 생겨나는 '틈'과 '거리'를 사유하는 장치다. 김화연은 그 '틈'과 '거리'를 단절이 아니라 가능성으로 읽는다. 거기서 우리는 단순한 서정의 울림을 넘어, '인간이 타자를 어떻게 대면해야 하는가'라는 더 근본적인 문제와 마주하게 된다. 레비나스가 말한 바와

같이, 인간은 고립된 자아가 아니라 언제나 '타자의 얼굴'(le visage de l'Autre) 앞에서 책임을 지는 존재다. 타자의 얼굴은 나를 향한 요청이자 윤리적 명령이며, 그 앞에서 나는 나의 위치를 다시 성찰하게 된다. 김화연의 시에서 드러나는 '틈'과 '거리'는 바로 이 윤리적 장면을 상징한다. 그는 타자와의 관계를 소유와 동일화가 아닌 존중과 감춤의 태도로 그려낸다.

김화연의 이번 시집에서 내가 주목한 것은 세 가지 층위의 문제이다. 첫째는 '거리'의 문제다. 이 시집의 많은 시편들은 관계를 유지하기 위해 필요한 간격, 즉 '멀찌감치'의 윤리를 노래한다. 둘째는 '틈'의 문제다. 틈은 결핍이나 결손이 아니라 새로운 관계와 의미가 발생하는 자리로 나타난다. 마지막으로 이 모든 사유는 '윤리적 주체'의 문제로 귀결된다. 김화연의 시에 등장하는 화자는 자기중심적 주체가 아니라 타인을 위해 자리를 비워주는 주체, 즉 '감추면서 지켜내는' 주체이다. 이 세 가지 관점은 서로 분리된 것이 아니라, 하나의 결을 이루며 김화연의 시세계를 구성한다.

2. 관계의 숨결을 지키는 '거리'

어둠은 언제나 사라진 자리를 지운 듯 보이지만, 실은 가장 깊은 곳에서 빛을 품고 있다. 그래서 빛은 어둠을 통해 더 선

명해진다. 김화연의 시가 오래 머무는 자리도 바로 그곳이다. 구석, 그림자, 옹이, 틈 같은 낮고 서늘한 공간들, 우리가 쉽게 지나쳐 버리고 잊어버리는 자리에 시인은 귀를 기울인다. 그늘진 곳이야말로 누군가 기대어 숨 고르기를 할 수 있는 가장 따뜻한 자리가 되며, 말하지 못한 침묵이야말로 가장 오래 남는 목소리가 된다는 것을 그는 알고 있다. 그래서 김화연은 격정과 환희가 아닌, 그늘과 낮춤 속에서 발견되는 삶의 진실을 이야기한다. 그러니까 말하지 못한 말, 드러내지 못한 얼굴, 그리고 감춰져 있기에 더 선명한 삶의 결들을 보여준다. 그의 시 속 어둠은 결핍이 아니라 충만이고, 구석은 소외가 아니라 위안이며, 침묵은 무관심이 아니라 더 깊은 응시로 나타난다.

집 한 채 지을 때
구석 없이 지을 수 없다

네모난 공간의 기둥 같은 구석들

생뚱맞은 탁자라도 모서리를 붙이면
귀퉁이들도 이렇게 딱 맞게 되는구나
알게 되는 곳

그늘진 구석은

가장 기대어 있기 좋은 곳
가족 중 누구라도
혼자라는 생각이 불쑥 밀려오면
그곳을 빌리지 않은 사람이 없다

얼마 전까지만 해도
그곳에 아들이 기대어 있었다

  ―「구석은 힘이 세다」 전문

  시인은 집이라는 구체적 공간 속에서 '구석'이 갖는 실질적·정서적 기능을 동시에 부각시키며, 우리가 자주 지나치지만 결코 가볍게 볼 수 없는 존재의 자리를 사유하게 한다. 집이라는 물리적 구조물 안에서 구석은 단순한 공간의 모서리가 아니라 기둥과도 같은 필수적인 구조다. 그러나 시인은 그 물리적 공간을 곧장 정서의 자리로 이행시킨다. "그늘진 구석은/가장 기대어 있기 좋은 곳"이라는 구절은 '구석'이 단지 숨거나 머무는 곳이 아니라 '마음'이 가장 먼저 찾는 피난처라는 사실을 조용히 환기시킨다. 무엇보다 이 시의 감동은 후반부에서 고조된다. "가족 중 누구라도/혼자라는 생각이 불쑥 밀려오면/그곳을 빌리지 않은 사람이 없다"는 언술은, '구석'이 개인적인 고립의 장소인 동시에 가족 안에서 공유되는 무언의 정서적 연대의 공간임을 보여준다. 그리고 마지막 행에서

"아들이 기대어 있었다"는 사실은, 그 공간이 물리적 쉼터였을 뿐 아니라 누군가의 아픔과 외로움이 '묵인되면서도 감싸졌던' 자리였음을 암시한다. 우리는 이 시의 마지막에서 문득 빠져나가는 한 존재의 뒷모습과 그 뒷모습을 오래도록 바라보았을 시인의 고요한 시선을 떠올리게 된다.

 이렇듯 김화연의 시는 언제나 낮은 자리에서 말을 건넨다. 이런 사정은 「암흑」에서 "우주 대부분은/암흑으로 이루어져 있다", "어둠은 절대적인 빛이라는 것"이라며, '암흑'이 결핍의 은유가 아니라 존재의 충만임을 드러낸다. 그러니까 김화연에게 '어둠'은 삶을 감싸는 다른 차원의 빛이며, 살아 있음의 위안이다. 이러한 '구석'과 '암흑'의 시학은 이번 시집에서 여러 방식으로 변주된다. 그 대표적 사례 중 하나가 「멀찌감치」이다. 이 시에서 시인은 '거리'를 단절의 표지가 아니라 관계를 지탱하는 장치로 사유한다.

  우리는 분간의 밖과
  안쪽에 나누어 살고 있다
  빈집을 지키며 사람을 반기던 개도
  한낮 소나기가 그린 무지개도
  이제는 멀찌감치 저쪽으로 가고 있다

  내가 멀어지는 것인지

저 앞쪽들이 멀어지는지 모르지만

노인들이 뜨겁다고 멀찌감치 앉으라는 말은
몸과 마음이 차가워지고 있다는 말
멀어졌거나 서먹한 사람끼리
마주치는 자리라면
그때 멀찌감치는 참 유용하다

그런 멀찌감치를 관계의 중간에 두면
꽤 유용한 핑곗거리가 된다

—「멀찌감치」부분

"멀찌감치는 참 유용하다"는 구절에서 드러나듯, 멀리 두는 태도는 서먹함을 봉합하거나 충돌을 예방하는 지혜로운 간격이다. '멀찌감치'의 공간은 물리적 거리를 말하는 듯하지만, 실제로는 심리적 관계의 간극이나 시간의 이행이 축적되어 만들어진 자리를 가리킨다. 시인은 '멀찌감치'라는 단어를 공간적 위치가 아니라 감정의 위치로 다시 읽는 것이다. 예컨대 "노인들이 뜨겁다고 멀찌감치 앉으라는 말은/몸과 마음이 차가워지고 있다는 말"이라는 구절은, 멀어짐이 곧 차가움이며 그것이 관계 속에서의 고립이나 쓸쓸함을 의미한다. 그러나 이 시의 미덕은 그런 멀어짐을 비극으로만 그리지 않는 데 있다. 시인은 "그런 멀찌감치를 관계의 중간에 두면/꽤 유용한 핑곗거리가 된다"고 말한다. 관계가 너무 가깝지 않기 위해 애써 확보하는 '안전거리' 혹은 부담 없이 인사를 건넬 수 있는 여유의 거리로서의 '멀찌감치'. 이는 어쩌면 인간관계에서 우리가 무의식적으로 유지하려 하는 절묘한 거리, 일종의 관계의 윤리적 완충지대일지도 모른다. 그것은 '단절'이 아니라 유연한 연결의 방식이며, 무심한 거리가 아니라 배려의 흔적, 그러니까 서로를 다치게 하지 않으려는 윤리적 간격이며, 오히려 관계의 지속 가능성을 보증하는 여백이다. 결국 이 시는 멀어짐을 수용하는 태도, '거리'를 인정하면서도 그 안에서 사람을 기억하고 품는 윤리적 감각을 이야기한다. 그래서 이 시는 쓸쓸하지만 슬프지 않다. 담담하지만 날카롭다. 이러한 '거리'의 윤리는 「계단참」에서 다시 변주된다.

> 계단의 위아래가 있다는 것을
> 상기시키듯 계단참이 있다
> 그곳에선 내려오는 일과
> 올라가는 일이 잠시
> 그 순서를 양보하는 일도 있다
> 그곳은 생각이 엇갈리는 곳
> 자신의 지분이 반 층 아래에 있는지
> 반 층 위에 있는지 늘 고민하는 곳이다

누구는 그곳에 서서 중재를 배웠다고 했고
누구는 되돌아 내려가거나
다시 올라가는 법을 배웠다고도 했다
지분이 없는 이들은 그곳에 앉아
앞날의 희망을 심어두는 곳이기도 하다

늘 중간을 앓는 층계참

—「계단참」부분

'계단참'은 위와 아래, 오름과 내림이 교차하는 경계의 공간이다. 그러나 시인은 그것을 단순한 '중간 지점'으로 한정하지 않고, 잠시 멈추어 서로의 발자취를 확인하고 숨을 고르는 자리로 그려낸다. 계단을 오르내리며 삶을 살아가는 사람들의 발소리가 겹쳐지고 스치면서, 계단참은 고독한 통로가 아니라 공유의 장으로 변모한다. "자신의 지분이 반 층 아래에 있는지/반 층 위에 있는지"를 고민하는 주체는 자아와 사회, 나와 타인 사이의 모호한 위치성에 대해 성찰한다. 여기서 주목할 점은, '계단참'이 결단의 최종 지점이 아니라 '멈춤과 머묾'의 장소라는 사실이다. 그러니까 '계단참'은 중간이기에 오히려 모든 정서가 머물 수 있는 자리가 된다. 기쁨과 슬픔이, 희망과 절망이 동시에 잠시 '쉬어가는 곳'이라는 점에서, 이 시는 모든 감정의 임시 거처로서의 장소성을 따뜻하게 묘사하고 있는 셈이다. '계단참'에서 사람들은 자신의 위치를 확인하면서도 타인의 존재를 의식하게 된다. 바로 이 지점에서 시인은 관계와 존재의 윤리를 발견한다. 계단참은 오르는 자와 내려오는 자가 스쳐 지나가며 서로의 온기를 느낄 수 있는, 작은 교차의 무대다.

결국 '구석'이 개인의 상처와 위안을 품는 자리라면, '멀찌감치'는 타인을 해치지 않기 위한 배려의 거리이며, '계단참'은 상반된 방향들이 만나 서로의 숨결을 확인하는 중간의 쉼터다. 김화연의 시에서 이 세 공간은 모두 존재와 관계를 새롭게 성찰하는 윤리적 장소로 이어진다. 시인은 높은 탑이나 정점이 아니라, 가장 낮고 작은 자리들(구석, 거리, 틈, 중간)에서 새로운 주체성과 연대의 가능성을 발견한다.

김화연의 시에서 '구석', '멀찌감치', '계단참'은 단순한 장소의 은유를 넘어, 존재와 관계를 지속시키는 윤리적 간격의 형상화라 할 수 있다. '거리'와 더불어 이 시집에는 '틈'이 중요한 시적 장치로 등장한다. 그의 시 「테두리에 관하여」는 사물과 세계가 모두 경계를 가진다는 사실을 사유한다. 사과의 테두리가 껍질이 아니라 꼭지라는 발상, 빗방울이 흘러가며 자신들의 테두리를 섞어가는 이미지, 가족이 모여 앉는 저녁을 '한 가정의 테두리'라고 부르는 발상은, 테두리가 닫힌 경계가 아니라 안과 밖을 동시에 여는 틈임을 드러낸다. 그러니까 '구석'과 '멀찌감치', '계단참'이 공간적이면서도 정서적인 자리를 드러낸다면, '틈'은 그것들을 관통하며 존재와 관계가 실제로 숨 쉬고 생성되는 호흡의 공간으로 나타난다. 다음의 시를 보자.

> 앙다문 일들이
> 얇은 틈을 만들었다
> 종잇장 하나 정도의 틈이지만
> 입맛의 부정교합 원인이 된다고 한다
> …(중략)…
>
> 그래서였을까, 조금 거칠었던 표현들과
> 냉정했던 말들이 한결 어눌해지고
> 부드러워진 것 같기도 하지만
> 주변의 일들치고 부정교합 아닌 것 없다
> 흔들리는 나무들도 어딘가 헐렁한 곳이 있어
> 하나로 묶어 불고 흔들리고 수런거리는 것이다
>
> 틈은 숨결이다
> 숨을 쉬기 위해 숨겨 놓고 있는 곳이다
> 날숨과 들숨 사이가 일정한 간격인 것도
> 다 그 때문이다
>
> ―「틈」부분

시인은 '틈'을 결핍이나 균열을 빚어내는 원인이 아니라 존재가 지속되고 관계가 이어지는 근원적 조건으로 제시한다. 시의 첫 연에서 "앙다문 일들이/얇은 틈을 만들었다"라며, 인간의 삶에서 '틈'은, 불완전함의 표지에서 호흡을 가능케 하는 공간임을 보여준다. 그러니까 '틈'은 호흡이 드나들고 흔적이 남으며 근심마저 묶였다 풀리는 '생성'의 공간으로 확장된다. "틈은 숨결이다"라는 구절은 이를 압축적으로 드러낸다. 날숨과 들숨이 오가는 자리, 삶이 흔들리고도 무너지지 않는 자리는 바로 그 작은 간격 덕분에 유지된다. 레비나스적으로 말하자면, '틈'은 동일성의 공간이 아니라 타자성과 타자의 도래를 허용하는 자리다. 그것은 존재가 살아 있다는 사실을 확인하게 하는 숨결의 간격이자, 관계를 유지하게 하는 미세한 여백이다. 시인은 "날숨과 들숨 사이가 일정한 간격"이라는 표현을 통해, '틈'을 생명의 조건으로 제시한다. 호흡의 간극은 비어 있는 것 같지만, 그 비어 있음 덕분에 존재는 연속된다. 다시 말해 '틈'은 삶의 지속과 생성을 가능하게 하는 필수적인 자리다. 바로 이 자리에서 김화연 시인은 새로운 윤리적 가능성을 길어 올린다.

　　서늘한 날씨
　　이것이 여름의 뒤끝이라면
　　뒤끝 몇 개쯤은 가져볼 만하다

울던 매미가 뚝 울음을 끊고

아침과 저녁이 같은 온도로 의기투합하는

이런 뒤끝이라면 속 시원한 일이다

…(중략)…

뒤끝을 바라보는 일

뒤끝을 보이는 일 중 어느 쪽에 있었는지

그중 마음 가는 뒤끝을 들고

눈 밝은 저녁이 된다

뒤끝은 여실한 일

살펴보면 실낱이 아직 붙어 있다

—「뒤끝」부분

"뒤끝"이라는 말은 일상 언어에서는 종종 부정적인 의미로 쓰인다. 그러나 시인은 그 감정의 잔재를 감각적으로 복권한다. "서늘한 날씨/이것이 여름의 뒤끝이라던/뒤끝 몇 개쯤은 가져볼 만하다"는 구절에서 보이듯, 시인은 '뒤끝'을 부정적인 감정의 흔적이 아니라 '감각의 여운'으로 재구성한다. 여름의 뜨거움을 지나 서늘한 기운이 감도는 순간은 계절의 절정이 지나간 뒤에야 느낄 수 있는 차분함이자, 과거의 강렬한 감각들이 차츰 가라앉으며 남기는 잔향이다. 이 여름과 가을 사이, 치열함과 침묵 사이, 정열과 소멸 사이에 머물러 있는 '뒤끝'은 이 시를 통해 '살아 있는 마음'의 가장 정직한 얼굴로 드러난다. 특히 마지막 연의 "뒤끝은 여실한 일/살펴보면 실낱이 아직 붙어 있다"는 구절은, 모든 끝맺음 이후에도 완전한 소멸은 없다는 사실을 시적으로 말해준다. 그래서 시인은 발목의 흔적, 꽃이 지고 남은 얼굴과 머리카락의 기억을 "여실한 일"이라 부르는 것이다. "여실한 일"이라 표현하는 것은 그것이 현실의 감각이자, 의식의 그림자처럼 사라지지 않고 존재하는 것임을 인정하는 자세다. 이렇게 과거를 미화하지 않으면서도 그 잔재에 시선을 멈추는 시인의 태도는, 한 사람의 존재와 감정이 맺는 관계의 밀도를 깊이 사유하게 만든다. 시인이 그려내는 '뒤끝'은, 사라짐의 잔재가 아니라 계속 살아 있는 '생'의 결로서, 시집 전체를 관통하는 중요한 미학적 장치로 기능하고 있는 것이다.

    누군가 버린 휴지 뭉치를 보면
    뒤끝들이란 다 구겨져 있다
    닦고 훔쳐내는 것들은
    평평한 것들에서 구겨지는 일의 마지막 행위
    구겨지지 않는 물도
    사람의 몸속을 돌고 나면

한 줌 구겨진 뒤끝이 된다

내 이야기보다 남의 이야기가
구겨진 게 많다
구겨진 생각을 입 밖으로 쏟아내면
입 안은 개운해진다

그렇게 매일매일
구겨진 것들 속에서 겨우 빠져나오며 살고 있지만
내 얼굴이며 피부는 여전히 구겨지고 있다
　　　　　　　　　　―「구겨진 뒤끝들」 전문

　이 시는 '뒤끝'이라는 정서를 물성과 감각의 층위에서 정밀하게 탐색하는 작품이다. 시인은 '구겨진'이라는 형용사를 반복하며, 삶의 흔적과 정서의 잔재가 남기는 겪임과 주름을 일상적 이미지 속에 자연스럽게 녹여낸다. 시의 첫 구절, "누군가 버린 휴지 뭉치를 보면/뒤끝들이란 다 구겨져 있다"는 일상에서 자주 마주치는 사소한 사물을 통해 감정의 소모와 잔여를 시각화한다. 휴지는 닦고, 훔치고, 버려지는 사물이다. 그것이 구겨졌다는 것은 누군가의 몸에서, 얼굴에서, 마음에서 어떤 '끝'이 마무리되었다는 뜻이기도 하다. 이 시에서 '뒤끝'은 감정의 남루함이자, 감각의 뒷면이며, 사용된 정서의 폐기

물처럼 등장한다.

  흥미로운 것은 "구겨지지 않는 물도/사람의 몸속을 돌고 나면/한 줌 구겨진 뒤끝이 된다"는 대목이다. 이 장면은, 시인이 '살아간다는 일'을 얼마나 감각적으로 사유하고 있는지를 여실히 보여준다. 인간은 스스로를 정화하려고 들이킨 것들마저 결국 '구겨진 채' 토해내며 존재의 뒤끝을 남긴다. 여기서 '물'은 감정이자 생리적 경험이자 기억의 장치로 읽힌다.

  시의 중반부에서는 말과 침묵, 표현과 억제 사이의 긴장이 드러난다. "내 이야기보다 남의 이야기가/구겨진 게 많다/구겨진 생각을 입 밖으로 쏟아내면/입 안은 개운해진다"에서 '입'은 감정의 배출구이자 정서의 정화 장소로 기능한다. 말하지 못한 감정들은 속에서 구겨지고, 말로 뱉어내면 개운함이 찾아온다. 이는 시인이 감정과 언어, 감각과 해방 사이의 관계를 얼마나 섬세하게 인식하고 있는지를 보여주는 대목이다. 그러나 이 정화 이후에도 "내 얼굴이며 피부는 여전히 구겨지고 있다"고 말하는 마지막 연은, 모든 뒤끝이 사라지는 것이 아님을, 심지어 매일 구겨짐 속에서 빠져나와도 흔적은 여전히 '피부'에 남는다는 자각을 드러낸다. 얼굴과 피부는 감정의 표면이자 사회적 접촉면이다. 이 부위가 구겨졌다는 표현은, 뒤끝이 개인의 내면에만 머무는 것이 아니라 결국 외부에 드러나며, 하나의 존재론적 흔적으로 각인된다는 사실을 의미한다.

이 시는 앞의 「뒤끝」이나 「계단참」 혹은 「연기」 등의 시들과 맞물려, 김화연 시세계의 중요한 테마, 즉 '감정의 여운', '몸에 각인된 삶의 흔적', '말하지 못한 것들의 압력' 등을 더욱 날카롭게 조명한다. 특히 구겨짐이라는 시각적 감각은 이 시에서 가장 강력한 상징으로 작용하는데, 이는 생의 흔들림과 감정의 피로, 관계의 파열과 반복되는 오해 같은 것들이 남기는 '삶의 주름' 혹은 '틈'으로 확장된다. 결국 이 시를 통해 김화연은 말없이 쌓이는 일상의 뒤끝들이 얼마나 복잡하고, 무겁고, 또 정직한 흔적인지를 천천히, 그러나 분명히 되새긴다. 그러면서도 시인은 그 '뒤끝' 속에 여전히 이어져 있는 관계의 실낱같은 끈('틈')을 발견한다. 그것은 다소 구겨지고 비틀린 흔적일지라도, 인간이 타자와 관계 맺는 데에서 피할 수 없는 조건이기 때문이다.

3. 감추고 비워내는 윤리적 주체

앞서 살폈듯이, 김화연은 '틈'을 새로운 윤리적 가능성을 발견하는 근원으로 읽어낸다. 틈이 있기에 타자의 목소리가 새어 나오고, 잔여가 있기에 우리는 책임을 견할 수 없다는 시인의 사유는 결국 '윤리적 주체'라는 문제로 수렴된다. 그러니까 결핍과 균열은 곧 윤리적 주체가 책임을 자각하게 되는 장소가 된다. 이 시집의 표제작 「사람을 감추는 사람」은 이 주제를 압축적으로 표상한다.

> 사람은 사람을 감춘다
> 내 눈빛은 대낮 부엉이 눈이다
> 어부의 뒤집힌 쪽배다
> ―「사람을 감추는 사람」 전문

단 3행으로 구성된 짧은 시다. 그러나 이 짧은 시 속에는 시인이 시집 전체를 관통하며 천착해 온 문제의식이 응축되어 있다. 시집의 제목이기도 한 '사람을 감추는 사람'은 이 시집이 이야기하는 감정의 윤리, 타인에 대한 거리 두기, 그리고 자기 내면의 응시와 은폐 전략을 암시하는 관문이자 축약이다. 첫 행 "사람은 사람을 감춘다"는 인간 존재 간의 관계 방식에 대한 근원적 진술이다. 사람은 사람을 '드러낸다'는 말보다 훨씬 역설적이고 도발적이다. 우리는 사랑하면서, 이해하려 하면서, 때로는 도리어 타인을 지우고 오해하고 왜곡한다. 이 행은 단순한 폭로라기보다, 시인이 삶 속에서 목격한 사람 사이의 차단과 침묵, 혹은 존중이라는 이름의 거리를 언어화한 것이다. '감춘다'는 말은 비난이 아닌 애틋한 보호의 태도일 수도 있다. 혹은 고의적 외면일 수도 있다. 그것은 독자의 경험에 따라 다층적으로 해석될 여지를 남긴다.

두 번째 행 "내 눈빛은 대낮 부엉이 눈이다"는 시인의 자기 응시의 방식, 또는 세계를 바라보는 자신의 시선의 정체성을 상징적으로 보여준다. 부엉이는 밤의 동물이다. 그런데 그 눈을 '대낮'에 갖고 있다는 것은, 이질적 시간 감각의 충돌이자 비정상적인 감수성, 혹은 비일상적 응시의 자의식을 보여준다. 세상의 밝음 속에서도 그는 '밤'의 감각으로 존재한다. 이때 시인은 일반적인 빛과 어둠, 안과 밖의 도식을 전복하며, 낮에도 어둠을 감지하는 존재로서의 시인 자신을 은유한다. 이 눈빛은 감시나 판단이 아닌, 조용한 관찰과 감정의 외피이다. 마지막 행 "어부의 뒤집힌 쪽배다"는 이 시의 이미지적 정점을 형성한다. 뒤집힌 쪽배는 더 이상 항해할 수 없는 상태이자, 방향을 상실한 채 숨겨져 있는 내면의 세계이다. 바다에 띄워진 것이 아니라, 거꾸로 놓인 채 무엇인가를 감추거나 보호하거나 포기한 채 놓여 있는 형상이다. 시인은 자신을 그 쪽배에 비유함으로써 자기 내면에 머물러 있는 타인의 흔적과 그림자를 감추고 있는 존재로 드러낸다. 동시에 뒤집힌 쪽배는 감정을 실어 나르지 않고, 묵묵히 머물러 있는 상태다. 시인은 감정의 전달자라기보다 감정의 저장자이자 침묵하는 수신자인 것이다.

이처럼 「사람을 감추는 사람」은 존재와 존재 사이, 나와 너 사이의 비밀되지 않는 정서, 침묵의 윤리, 감정의 비가시적 결을 응시하는 시다. 그것은 말로 해명되지 않고, 오히려 감춤으로써만 드러나는 관계의 형태다. 우리는 서로를 이해하는 것이 아니라 애써 감추는 방식으로 공존한다. 그것은 외면이나 거부, 부정이나 은폐라기보다는 존재를 해치지 않기 위한 절제된 사랑의 형식이자 타자의 자리를 비워두는 윤리적 행위이다. 드러냄이 전유의 방식이라면, 감춤은 거리와 침묵을 통한 배려다. 레비나스의 언어로 하자면, 이는 타자를 '동일성'(le Même)의 질서로 환원하지 않고, 그 이질성 속에 그대로 두려는 응시다. 그러니까 김화연의 시에서 '사람을 감춘다'는 행위는 곧 타자를 함부로 드러내거나 소비하지 않고, 오히려 조심스레 감싸며 지켜내려는 태도, 즉 윤리적 주체(le sujet éthique)의 방식이다.

> 한동안 젖은 주춧돌처럼 멍하니 서 있었다
> 지평선에 떨어지는 해처럼
> 초여름 바람에 실려 오는
> 아버지의 체취가 몸 위를 휘감는다
> 썩은 널빤지가 엉클어진 자리
> 깨진 전등에 새긴 아침 켜는 등불 소리
> 뱃머리의 고동 소리
> 만선의 즐거움을 알리는 든든한 아비의 소리로 들려온다
>
> *학교 잘 댕겨왔나*

밥은 묵고

뭉클뭉클 서풍에 전해오는 되새김질 소리
소금기 젖은 땀 냄새 온기가 흥건하게 고인다
갯벌 바닥에 뒹구는 모래알들
비바람이 불어도 자리 지키는 갈매기들의 쉼터라고

아버지가 걸어 나가신다
그물과 밧줄은 어선에 놓아두고
금방이라도 돌아오실 것처럼

—「폐선」 전문

「폐선」은 단순히 쓰임을 다한 배 한 척의 이야기가 아니다. 그것은 아버지라는 존재가 육체적으로 사라진 이후에도 계속해서 남아 있는 감각과 기억의 밀도를 다룬 시다. 시인은 바다를 중심으로 삶을 살아간 노동자의 '퇴장'을 애도하지만, 그 애도의 방식은 눈물이나 비탄이 아닌, 풍경과 냄새, 온기, 소리로 정성스럽게 직조된다. "한동안 젖은 주춧돌처럼 멍하니 서 있었다"라는 첫 구절에서부터 시의 화자는 부재와 정지의 상태에 놓여 있다. '젖은 주춧돌'은 한동안 사람을 떠받치던 구조물이다. 그 젖음은 눈물이나 습기의 상징일 수도 있지만, 한편으론 시간의 축축한 감정이기도 하다. 이 구절은 이미 사람이 떠난 자리에 남은 잔여물들이 주인공인 시임을 암시한다.
 "금방이라도 돌아오실 것처럼"이라는 마지막 구절은, 이 시가 단순한 회고가 아니라 종말을 끝끝내 믿지 않으려는 체온 있는 애도의 방식임을 보여준다. 또한 이 구절은 부재가 결코 완결된 것이 아니라 여전히 열려 있는 '돌아옴의 가능성'으로 남아 있음을 보여준다. 폐선된 배와 버려진 어구가 남긴 빈자리는 곧 타자가 다시 들어설 수 있는 여백이며, 화자는 그 자리를 통해 아버지의 삶과 노동, 그리고 부재 이후의 책임을 물려받는다.
 따라서 「폐선」은 단순한 상실의 노래가 아니라, 감추고 비워냄을 통해 윤리적 주체가 탄생하는 과정을 보여주는 시라 할 수 있다. 아버지의 부재는 결핍이 아니라 새로운 책임의 자리를 열어주는 사건으로 전환된다. 김화연은 '폐선'의 이미지를 통해, 버려짐과 멈춤이야말로 관계와 기억을 지탱하는 힘이 될 수 있음을 증언한다.
 김화연의 시는 언제나 낮은 곳에서 말을 건넨다. 사소하고 버려진 자리를 오래 들여다보며, 그곳에서 사람의 온기와 상처를 동시에 길어 올린다. 그의 시에 흐르는 윤리적 긴장은 바로 이 낮춤의 태도에서 비롯된다. 빛나는 중심을 차지하기보다, 스러지고 구겨진 흔적 속에서 타인의 숨결을 발견하는 것. 그것이 김화연이 택한 시적 감각이며, 존재를 지탱하는 윤리적 방식이다. 무엇보다 이 시집의 성취는 부재와 결핍을 공허로 남기지 않고, 오히려 그것을 관계와 성찰의 자원으로 전환시킨 데에 있다. 김화연에게 가족의 서사는 곧 존재의 근원적 틈이며, 그 틈에서 윤리적 주체가 형성된다. 그의 시는 바로 그 틈을 통해 윤리적 주체가 태어나고, 타인의 아픔을 자신의 언어로 감싸는 힘을 보여준다. 감춤은 회피가 아니라 수용이고, 비움은 소멸이 아니라 다음 존재를 위한 자리 내어줌이다.

따라서 『사람을 감추는 사람』은 단순히 한 시인의 세 번째 시집이 아니라, 존재의 낮은 자리에서 언어를 길어 올린 기록이자, 윤리적 주체가 태어나는 내밀한 증언이라 할 수 있다. 시인이 들려주는 낮고 서늘한 목소리는 독자로 하여금 자신이 선 자리를 돌아보게 하고, 타인의 자리를 헤아리게 하며, 끝내 '사람을 감추는 사람'이 된다는 것이 무엇을 의미하는지를 되묻게 한다. 김화연의 시는 그 질문 자체를 우리에게 오래 남기는 힘을 지니고 있다.

시인동네 시인선 263

사람을 감추는 사람
ⓒ 김화연

초판 1쇄 인쇄	2025년 10월 15일
초판 1쇄 발행	2025년 10월 22일
지은이	김화연
펴낸이	김석봉
디자인	헤이존
펴낸곳	문학의전당
출판등록	제448-251002012000043호
주소	충북 단양군 적성면 도곡파랑로 178
전화	043-421-1977
전자우편	sbpoem@naver.com

ISBN 979-11-5896-714-7 03810

*이 책의 판권은 지은이와 문학의전당에 있습니다.
*양측의 서면 동의 없는 무단 전재 및 복제를 금합니다.
*잘못 만들어진 책은 바꿔드립니다.